27

n. 19715.

HISTORIQUE

—

APPEL

A LA NATION FRANÇAISE

Prix : 50 centimes

PARIS

A LA LIBRAIRIE THEVELIN

Passage Jouffroy, 52

APPEL

A LA NATION FRANÇAISE

Nous avons raconté, dans le livre que nous avons récemment publié, notre avénement au trône d'Araucanie et de Patagonie. On a regretté que nous n'eussions pas caractérisé notre point de départ d'une façon plus circonstanciée. Nous allons combler cette lacune et prouver qu'en nous jetant dans une entreprise aussi lointaine, nous avons obéi, non à un caprice de coureur d'aventures, mais à une inspiration mûrement réfléchie et toute patriotique.

Dès notre extrême jeunesse, nos yeux s'étaient fixés, sans pouvoir s'en détacher, sur cette partie de l'Amérique du Sud qui porte les noms d'Araucanie et de Patagonie. Pour nous, la géographie commençait et s'arrêtait à ces vastes contrées couvertes de forêts luxuriantes.

L'âge et le collége aidant, nous sortîmes de cette préoccupation exclusive, mais pour y rapporter ce que nous apprenait l'histoire. Celle-ci nous disait que l'Angleterre nous avait dépossédés de toutes nos colonies tour à tour. Nous nous révoltions intérieurement, et contre cette puissance et contre les chefs de notre patrie qui les avaient perdues.

Nous jetions les yeux sur la carte de la Louisiane et du Canada et nous nous disions : « Est-il possible qu'il ne s'y soit pas trouvé un Français assez hardi, assez courageux pour dire à sa mère-patrie : En nous abandonnant à l'étranger, vous avez fait ce que vous avez cru devoir faire, mais son étendard ne flottera jamais sur nos murs ! » Ce disant, il aurait dû porter en avant un étendard français, indépendant, et repousser l'Anglais à tout jamais ! Malheureusement les choses n'ont pas marché ainsi, l'idiome national de la Louisiane et du Canada est anglais.

Comme on le voit, le sang français de nos anciennes colonies n'a su ni vaincre ni mourir, il s'est soumis, quelle honte !

S'ils n'ont pas eu le courage de garder leur indépendance, nous disions-nous, que Dieu nous prête vie et nous montrerons ce que peut faire un seul homme pour son pays !

Afin d'être prêt à pourvoir aux nécessités de la vocation qui nous entraînait, nous nous livrâmes avec ardeur à l'étude du droit, et, après avoir puisé dans cette science tout ce qui nous paraissait devoir concourir au but proposé, nous nous disposions à gagner le Havre, sous un prétexte quelconque, et de là ces régions qui nous attiraient toujours irrésistiblement, lorsque notre famille nous confina dans une charge d'avoué.

Cinq ans plus tard, nous prenions la résolution de dépouiller la toge pour donner suite à nos projets. — Nous vendîmes donc notre charge, mais nos confrères, mus par le désir de nous conserver et espérant que la réflexion nous ferait changer d'avis, retardèrent autant que possible l'admission de notre successeur. Ce n'est qu'au bout de sept mois qu'il fut admis.

Avant de céder la place, nous avions fait restituer à notre famille la particule (1) qu'elle avait abandonnée depuis le jour où elle avait été accablée par des revers de fortune. Nous avions pensé que rien n'était plus facile ; notre avocat avait cru inutile de se présenter pour soutenir notre revendication. Pourtant le tribunal de Périgueux rendit un jugement contraire. Mais nous en appelâmes devant la Cour impériale de Bordeaux, qui réforma ce jugement et nous accorda la rectification demandée.

Aussitôt que nous eûmes rassemblé toutes nos ressources, nous nous dirigeâmes sur le Havre et nous allâmes prendre à Southampton la ligne des vapeurs qui se rendent au Chili par Panama.

Après des contre-temps dont l'énumération serait aussi

(1) On croit généralement que nous nous sommes attribué comme accessoire du titre qui nous a été conféré, celui de prince dont nous faisons précéder notre nom patronymique. On se trompe : ce titre est dans notre famille depuis un temps immémorial ; comme à la particule, elle y avait renoncé momentanément ; et nous avons repris l'un avec l'autre. Nous nous occupons de réunir les documents épars relatifs à notre famille. Ils prouveront, par titres authentiques, que les seigneurs de Tounens, ou Tonens, ou Tonneins, fondateurs de la ville qui porte ce nom, descendaient de chefs déjà puissants parmi les Gaulois, avant la conquête romaine.

longue que hors de propos en ce moment, nous arrivâmes en Araucanie et nous acquîmes bientôt la certitude que les nationaux de cet État sont très-jaloux de leur indépendance, et que celle-ci est constamment menacée par le Chili, qui, ne se sentant pas assez fort pour l'entamer par les armes, y porte atteinte par la corruption, en gagnant les caciques des frontières. Nous finîmes par nous aboucher avec quelques-uns de ces chefs et nous n'eûmes pas de peine à leur faire comprendre que leur pays divisé en tribus nombreuses et sans cohésion deviendrait infailliblement tout entier la pâture d'un voisin ambitieux de conquêtes. « Puisque vous avez si bien trouvé notre remède, nous répondirent-ils, appliquez-le vous-mêmes : réunissez en un seul faisceau tous ces pouvoirs épars; soyez notre chef enfin. »

Nous avons dit, dans notre livre, comment nous fûmes acclamé roi successivement par les Araucaniens et les Patagons; comment, trahi par notre domestique et nos interprètes, nous tombâmes dans un guet-apens tendu par les autorités chiliennes, sur notre propre territoire; et tout ce que nous avons souffert pendant notre longue captivité. Comme on le voit. ce n'est point le hasard ni l'aventure qui nous ont conduit dans les Amériques, mais bien un but tout patriotique, tout national, étudié depuis notre enfance, afin de chercher à fonder un idiome français dans un pays libre et indépendant, pour contre-balancer la prépondérance des trois grands peuples de l'Amérique, l'Anglais, l'Espagnol et le Portugais.

La France est aujourd'hui bien florissante, mais une époque, dans le cours des siècles d'un peuple, n'est qu'une goutte d'eau dans l'Océan. L'empire Romain, les Carthaginois, les Crétois et tant d'autres peuples ont été florissants aussi, et où sont-ils aujourd'hui? Dans le néant !

A Dieu ne plaise que jamais semblable chose arrive à notre chère patrie ! mais si le destin lui réservait un semblable sort, où revivrait son idiome? Nulle part ! et, si l'Angleterre venait à disparaître, où revivrait l'Anglais? Sur tous les points du globe ! Et l'Espagne, que les Français se plaisent en général à qualifier d'incapable, elle peut leur faire voir le revers de la médaille ! N'a-t-elle pas fondé de vastes colonies dans l'Amérique, qui, il est vrai, ont obtenu leur indépendance? mais au moins elles ont conservé l'idiome de la mère patrie ! N'en est-il pas de même du Portugal ?

Tout cela nous occupait et nous occupe constamment; notre profonde conviction est que le moment est opportun de ménager à la France la possibilité d'établir sur le Pacifique et l'Atlantique des colonies et d'apporter, dans le sud de ce grand continent d'Amérique qu'on appelle le nouveau monde, l'idiome, les coutumes, les idées et les intérêts de la France !

Nous n'avons pas désespéré un moment de notre cause, qui est basée sur des droits incontestables, des suffrages librement exprimés. Nous sommes déterminé à nous rendre à l'appel des peuples qui nous ont nommé et qui ne cessent de réclamer leur chef. C'est pourquoi nous faisons appel à la France pour nous aider à reprendre et consolider l'œuvre que nous avons conçue, — la fondation d'un royaume français indépendant. Notre entreprise a paru téméraire à plusieurs personnes; nous leur répondrons qu'il faut être né pour cela ; ce qui paraît téméraire aux uns nous paraît à nous la chose la plus naturelle du monde.

L'Araucanie et la Patagonie sont situées dans l'Amérique méridionale, au sud du Chili et de la république Argentine ; elles ont, pour limites, au nord-ouest, le fleuve appelé le Bio-Bio qui sépare l'Araucanie du Chili; au nord-est un autre fleuve connu sous le nom de Negro, qui sépare la Patagonie de la république Argentine; à l'ouest, l'océan Pacifique, et, à l'est, l'océan Atlantique ; les côtes de ces deux mers se rencontrent au cap Horn et offrent un développement, sur les deux océans, d'environ 800 lieues marines, sur une largeur moyenne d'environ 200 lieues également marines ; ce qui donne une superficie de 80,000 lieues, soit 200,000,000 d'hectares occupés par environ 2,000,000 d'indigènes ; en supposant une étendue de deux hectares, nécessaire pour la subsistance de chaque personne, nous aurons 4,000,000 d'hectares occupés ; en déduisant ce chiffre du total, il reste 196 millions d'hectares inoccupés ; en supposant que le quart de cette étendue soit inculte ou couvert par les fleuves, rivières ou lacs, il reste 147 millions d'hectares libres qu'on peut donner aux émigrants ; à deux hectares par personne, nous aurons une étendue suffisante pour 73,500,000 habitants, sans compter les agglomérations des villes et établissements industriels qui pourraient s'élever à un chiffre égal ; on aurait donc un total de 157,000,000 qui grossirait d'autant le nombre des habitants actuels.

Ce magnifique pays est accidenté et arrosé par de nombreux cours d'eau. Son climat est sain et tempéré. Les montagnes et les coteaux sont couverts de vastes forêts d'essences très-variées. Les vallées et les plaines nourrissent d'immenses troupeaux de bœufs, de chevaux, de moutons et de guanacos. — Le guanaco a la douceur du mouton, il peut être mis en état de domesticité; sa laine très-fine peut être employée à faire des tissus ; sa peau peut aussi être utilisée en tapis ou en fourrures.

La population indigène est d'environ 2,000,000 d'habitants qui ne possèdent pas moins de 20,000,000 de têtes de gros bétail et de 200,000,000 de moutons.

Les entrailles de la terre recèlent des mines d'or, d'argent, de mercure, de cuivre, de fer, de plomb, d'étain, de soufre, de sel gemme et de charbon de terre. On doit mentionner également le cristal de roche et le lapis-lazuli. Aucune mine n'est exploitée, il n'est pas douteux cependant qu'elles fourniraient d'immenses bénéfices. La célèbre mine d'argent de Villarica, qui avait procuré tant de richesses aux Espagnols, a été fermée et abandonnée depuis la destruction de Villarica par les Araucaniens.

Une autre mine d'argent, non moins riche, vient d'être découverte tout récemment dans la montagne de Huadaba, située près de Puren, à environ 30 lieues de la mer, en deçà de la Cordillère des Andes ; elle est facile à exploiter et ses produits seraient aisément transportés à la mer; on calcule sa richesse à 50,000,000 de piastres (250,000,000 fr.)

Les laines, qui sont une des premières ressources du pays, n'attendent que l'émigration pour devenir une branche de commerce considérable ; nous avons dit qu'il y avait en Araucanie et en Patagonie 200,000,000 de moutons; à supposer que chacun produise en moyenne deux kil. de laine, nous aurons 400,000,000 de kil.: il est vrai que la plus grande partie de cette matière est consommée ou gaspillée par les indigènes; car c'est le seul textile dont ils se servent. La toile est presque inconnue chez eux ; aussi emploient-ils la laine non-seulement pour se couvrir, mais encore pour faire des tapis ou couvertures, qui leur servent de draps de lit. Comme ils n'ont de relations qu'avec les Chiliens et les Argentins qui vont à l'intérieur faire des échanges, il en résulte que ceux-ci obtiennent à un prix très-réduit les laines dont les indigènes peuvent disposer.

Le prix courant au Chili et dans la république Argentine est :

1° Pour la laine noire, de 25 à 30 fr. les 46 kil. (nous disons 46 kil. parce c'est le quintal espagnol);

2° Pour la laine blanche ordinaire, de 40 à 50 fr.

3° Pour la laine mérinos, de 75 à 100 fr.

Il est facile de comprendre que ces prix déjà si modérés sont encore plus réduits en Araucanie et en Patagonie ; il faut que les colporteurs qui viennent y faire leurs acquisitions y trouvent leur compte.

On introduirait facilement chez les indigènes l'usage de la toile et de tous les objets de première nécessité, tels que outils aratoires, ustensiles de cuisine, couteaux, haches, etc.

On ne leur offrirait pas en vain des verroteries, des éperons en acier ou argentés, des mouchoirs de couleur, du tabac, des spiritueux, etc.

En échange, on recevrait des laines, des cuirs, des suifs, à des prix très-modiques.

Le chanvre et le lin viennent très-bien dans ces contrées, mais les indigènes ne savent ni les préparer ni s'en servir ; ces deux textiles pourraient donc, entre les mains d'habiles agriculteurs, être d'un rendement très-avantageux.

En ouvrant des entrepôts chez les indigènes où les échanges se feront en gros et en détail, on réalisera des bénéfices certains et, en même temps, on offrira des débouchés importants aux fabricants européens.

Il résulte de ce rapide exposé des ressources de cet immense pays, qu'on en peut tirer des produits semblables à ceux de la Plata, et en quantités au moins égales. Or voici quel est, d'après le *Dictionnaire du commerce et de la navigation*, publié par Guillaumin (Paris, 1861), le tableau du commerce de Buénos-Ayres et de Montévidéo. En 1855, le mouvement commercial de Buénos-Ayres, importations et exportations réunies, était de 152 millions de francs réalisés à l'entrée et à la sortie par 1,211 navires, jaugeant 297,170 tonneaux. En 1857, l'exportation de Montévidéo était de 134 millions de francs, ce qui suppose un mouvement commercial d'au moins 250 millions. En 1858, le même port comptait, entrées et sorties réunies, 1,858 navires, jaugeant 309,920 tonneaux. Ces chiffres ont leur éloquence. Donc le mouvement commercial de Buénos-Ayres.

s'est élevé à . . . . 152 millions,
et celui de Montévidéo, à . . . . . . 250 id.

En somme   402 millions.

Admettons maintenant que, dès la première année, le commerce de l'Araucanie et de la Patagonie ne soit que de moitié, ou même du quart, c'est-à-dire cent millions, ne serait-ce pas déjà un beau résultat? — Mais on peut compter sur un meilleur début; il suffit, pour s'en convaincre, de comparer le petit nombre de ports que possèdent les républiques Argentine et Orientale à tous ceux qu'on peut ouvrir au commerce sur les 800 lieues de côtes de l'Araucanie et de la Patagonie, prenant aussi pour comparaison la population de la république Orientale qui est de 600,000 habitants, et celle de la république Argentine de 1,100,000.

En considération de ce qui précède et en vertu des droits que nous ont conférés les indigènes de ces vastes contrées, nous, ORLLIE-ANTOINE Ier,

Par la grâce de Dieu et la volonté nationale, roi d'Araucanie et de Patagonie;

Vu notre ordonnance du 17 novembre 1860, par laquelle nous fondons notre royaume d'Araucanie;

Vu notre ordonnance en date du même jour, par laquelle nous mettons en vigueur et rendons exécutoires les lois françaises dans notre royaume, sauf les modifications conformes aux besoins de l'État;

Vu notre constitution en date du même jour;

Vu notre ordonnance en date du 20 des mêmes mois et année, par laquelle la Patagonie a été réunie, du consentement des indigènes, à notre royaume d'Araucanie;

Vu nos procès-verbaux en date des 25, 26, 27 et 30 décembre 1861, constatant que les indigènes de l'Araucanie et de la Patagonie nous ont reconnu pour leur chef avec le titre de roi, conformément aux bases établies dans nos ordonnances précitées ;

Vu les dépositions de J.-B. Rosales, de Juan de Dios Verigna, de Lorenzo Lopez et de José Santar Bejar, dit Culinau, en date des 5, 14 et 18 janvier 1862, qui confirment la teneur de nos procès-verbaux ;

Considérant que, dans notre royaume, tout est à édifier, depuis la base jusqu'au sommet, nous avons, pour y implanter les bienfaits de la civilisation, ouvert et ouvrons une souscription nationale à l'effet de fonder, dans cette partie de l'Amérique du Sud, l'idiome français, et d'y apporter la prépondérance française.

Nous prenons l'engagement formel, sous notre responsabilité royale, de faire reconnaître à titre de dette publique de notre royaume, le montant de la souscription jusqu'à 100,000,000, et de le convertir en rentes sur l'État jusqu'à concurrence du capital et des intérêts à 6 p. 100, à partir du jour de la souscription. La conversion en rentes sur l'État se fera suivant les principes établis en France.

Nous prenons de même l'engagement, toujours sous la même responsabilité, d'affecter chaque année une partie du revenu des douanes de nos États, suffisante pour l'amortissement de ladite dette. On souscrit pour ce qu'on veut et on ne doit pas perdre de vue que c'est pour un but national ! Chaque souscripteur, pour prévenir les confusions qui pourraient se produire, indiquera très-lisiblement ses nom, prénoms, profession et domicile, avec la désignation exacte, pour les villes, des rues et numéros, et pour les départements, des cantons.

Fait à Paris, le 5 mars 1864.

Signé : ORLLIE-ANTOINE Ier.

PARIS. — IMP. DE V^{or} GOUPY ET Ce, RUE GARANCIÈRE, 5.